길을 나서는 명상

조용범 시집

길을 나서는 명상

조용범 시집

도서출판 두손컴

길을 나서는 명상

·

2013

저자의 말

무언가 보람 있고 뜻있는 일을 진전시키고 있다고 생각하면 우선 긍정적인 면모가 기분을 상쾌하게 한다.

늘 마음 안에 내재돼 있는 문학의 꿈속에서 생활의 일부를 영위하고 있는 요즈음은 늘 향기롭다.

아직도 많이 부족한 시 80편을 상재한다.

결코 주위에 편승하지 않고 작은 걸음이라도 나만의 문학의 길을 위해 꾸준히 걸어가겠다. 많은 격려와 가르침을 바란다.

2013년 겨울

저자 조 용 범

차례

제1부 길을 나서는 명상

제2부 가족의 힘

제3부 자연의 순리

제4부 여객선 유람

제5부 서로의 한 평생

1

길을 나서는 명상

등산

– 대운산

따가운 햇살로 온몸 적시고
이정표 힐끗 돌아보며
코 닿을 듯한 비탈 안고
겨우 겨우 오른 산
해발 칠백사십이 미터의 정상

발 아래 내려다보이는 능선들 보며
땀 말리는 얼음과자
한입 덥석 깨물었더니
겨울처럼 와 닿아
입술을 놀라게 하는데

정상에는 다소곳이 햇빛만 쏟아지고
꼭짓점의 즐거움은
잠시뿐
내려갈 길 미리 현기증 일으킨다

세상사 모든 것
위로 보고 살지만
정상은 영원하지 못하다는 걸
깨닫는 이 하루
교훈 하나를 짐지고 내려온다

지하철 안의 얼굴들

멍하니 졸고 있거나
눈 감은 얼굴
촛점 없이 바라보는 표정이나
휴대폰만을 열심히 다루는 얼굴들

저만치서 힐끔 쳐다보는
알 것같은 얼굴
어디서 보았을까
궁금함에 신경이 쓰여
잠시 혼돈에 빠진다

하고 있는 모습들 다르지만
생각하고 산다는 것
우리 모두가 함께 간다는 것은

모두가 다른 얼굴만큼이나
행복했으면 좋으련만
굉음의 우람한 소리들 안으로
서로 침묵하며
빛으로 굴절되는 지하철 안의 승객들

이웃사촌

있을 땐 미처 몰랐어도
없고서야 이제 알겠네

담 넘어 소리하면
형제처럼 오는 대답
급한 일 의논하면
내 일처럼 맞아주는
그 이웃이 한정 없이 그립네

멀리 떨어져 있는 형제보다
가까이 있는 이웃이 더욱 나은 걸
헤어진 후에야 비로소 알겠네

우연히 만나서 이웃이 되고
눈 뜨면 만나고 정 나누는 사이
서로의 허물일랑 덮어두고
언제나 함께 하는
행복 나눔의 인생길

투표하는 마음

은근슬쩍
내가 적임이라며
무언으로 건네던 명함들
도통 느낌이 오지 않아
선택하기 더욱 힘들어

투표용지를 보고 다시 또 보며
적임자가 누군지
헷갈리기 시작하여
겨우 마음 진정시키며
처음 생각
그대로

기표하고 나오지만
판단이 옳았는지
혹여 잘못 생각한 건지
마음이 영 개운찮아
종일 조바심으로
두근대는 가슴

밤바다

무섭도록 까만 밤
먼 데서 깜박이는 작은 불빛
캄캄한 어둠 속 철썩이는 파도 무리들
자꾸만 밤을 재촉하듯
깊어만 가고 있다

아련히 밀려드는 파도는
깜빡이는 등대를 더듬어
너울너울 물결타고
한없이 부서지며

모든 것은 적막 속에 은둔하는
칠흑 같은 어두움이
밤을 더욱 재촉하고

파도가 모든 것을 삼켜 버리는
태풍 속의 밤을
등대 하나만 의지하고
그 깊은 수렁의
밤 속을 유영하고 있다

바람

보이지도 않는 것이
엄청난 소리로 다가와서
여기저기 천방지축으로 부딪치며
몹쓸 흔적을 남기고 가네

무서운 폭풍이 될 때는
지축을 흔들어 무질서를 만들고
자기를 과시하듯
큰 상처만 남기고 가 버리네

간혹 땀 흘릴 때
알맞게 찾아온 작은 바람
큰 기쁨이 되듯

고요할 땐 있는 듯 없는 듯
숨죽이며 침묵하다가
순식간에 찾아와
즐거움과 때로는 슬픔을 주고
이내 사라지는 바람 무리

떠다니는 모든 것의
질서 없는 흔적처럼

어르신 교통카드

거울에 비친 내 모습
아직도 크게 변한 게 없는데
어느새 어르신 대우 받으니
보내온 시간들 더욱 아련하다

도시철도 복지교통카드
처음 교부받던 날
모래알 같은 세월 잊은 듯
한껏 마음 설레는데

어느덧 어른 위치에 와 있는
내가 대견하면서도
남은 세월이 짧다는 것을 생각하며
그래도 경로석 이용은 눈치 살펴진다

흘러간 세월 등에 업고
복지국가 주는 혜택
그 속의 일원이 되어
나이만큼 성숙한 나를 보며
자꾸만 복지카드에 입력된
내 연륜이 생소해 보이는 하루

여름 피서

작열하는 땡볕의 햇살 아래
더위는 더욱 극성을 부리고
한 줄기 시원한 바람 아쉽기만 한데
극심한 체증으로
답답하기만 한 피서 행렬

목적지 찾아 이르면
오늘 하루 힘겨웠던 피로
얼마나 풀릴까
애써
참아 보지만
흐르는 시간은 멈출 줄 모르고
자꾸만 장사진을 이루는 차들의 행렬
짜증만 심화되는데

땡볕의 여름날 다 가고
서늘한 어느 가을날
오늘 일 생각해 보며 웃어 보랴

길을 나서는 명상

열 두 장의 달력을
하나 둘 헤아려 보면
너무나 긴 시간, 긴 세월 같아
온갖 계획들을 세워 보지만
한 장 넘기고
또 한 장 열람하다 보면
어느덧 절반이 훌쩍 넘어
온갖 희망들, 설계들 어디쯤 왔을까

하나하나 점검하다 되돌아보면
또 한 장이 훌쩍 비워지고
마무리짓지 못한 목표들 경황이 없어
후회하다 보면
마지막 남은 달력 한 장이
빠안히 나를 내려다보고 있다

달랑 마지막 남은 달력
한 장을 넘길 때면
한 해의 마무리보다
후회로 오는 자존심-

큰 계획보다 작은 실천이
더욱 큰 성공의 지름길임을
이제야 알겠네

민들레

척박한 땅에서도
야성의 잔디처럼
강한 승부근성으로
보란 듯 노란 꽃 피웠으니
신기한 듯 벌 나비 주위 맴돌다
훌쩍 떠나고

뾰족한 작은 풀잎 사이
어느덧 뿌리내려
자리 잡은 고독한 한 송이 꽃
아무래도 그 자리는
본래 남의 자리인 것 같아

잡초 속에 쓸쓸하게 꽃 피워서
믿음 주는 강인한
꽃대궁 하나 올려놓고

꽃 피고 지고
하얀 풍선에 씨앗 매달아
새로운 터전을 향해
먼- 하늘을 날으는 저 신기

이모작 인생

이른 아침 산새들 지저귀듯
부지런히 앞만 바라보고
살아온 한 평생
어느덧 이순의 나이를 보네

지나온 인생사
눈 감고 되새겨 보면
희비가 엇갈리는 우여곡절들
파란만장한 삶

하나의 이정표처럼
남은 여정 새로운 길 찾아
새출발을 다짐해 보며

새로운 뜻과 보람으로
신비의 새싹 틔워
후회 없는 한 생애를
보란 듯이 살고 싶어

오늘도 각오를 다지며
새아침을 나서는 출근길

장터 국밥집

옛날이 그리워
그 시골 장터 찾아
단골 국밥집을 찾았으나
어언 강산도 변한다는 십여 년
주모 뚱보 아줌마도 바뀌었다

옛날 옆집 친구 안부를
띄웠더니
아무렇지도 않은 듯
죽었단다
맘이 켕겨 다시 물으니
지나가는 소리로
일 년을 앓다가
바로 한 달 전에 죽었단다

가슴에 쿵 하는 소릴 들으며
정신이 아득하였으나
눈시울 붉은 마음으로
국밥을 먹는 동안
친구 얼굴이 아른거려
한식경이나 되어
국밥 한 그릇 겨우 비우고 나온다

기다림

서운하여라
쌓였던 정
그대로 내려놓고
미련 없이 훌쩍 떠나는
가벼운 마음

그리워라
가고 없는 빈 그 자리
너무나 아쉬운 허무감만 쌓여
아련히 떠오는 그리움
켜켜이 쌓이는데

적막하여라
바람 이는 소리
스산함 느끼며 공허함 떠난 자리
세월 흐르면 다시 올까
기다림에 목이 메던 그 시절 그때

사랑 주기

앞 베란다 장독대에
버려지다시피 한 풍란
너무나 초라하여 눈길조차
가지 않던 가냘픈 잎새들

언제나 뒤틀리고 수줍은 모습으로
처절한 아픔만 간직한 채
끈질긴 생명 이어왔을
그 모습 가련하여
정성으로 돌보았더니

어느 날 뾰족이 내민 새싹엔
실핏줄 꽃대 하나 뽑아 올려
향긋하고 매혹적인 꽃 달고
보란 듯이 햇볕 듬뿍 받고 있네

모든 것은 지극한 사랑으로 섬기면
새로운 삶으로 거듭 되나니
그 모습 더욱 어여뻐
종일 눈길로 어루만지는 하루

수원 보호구역

물 물 물…
모든 것은 물 때문이다

사방을 가로막은 철조망
넘을 수 없는 경계
도시 발전을 막는 구역
본의 아니게 실향민을 만든 곳
묻혀버린 문전옥답
하늘만 바라보는 수원
도처에 물싸움이다

자연이 온전히 보호되는 곳
언제나 생명의 지킴이나 되는 곳

물은 모든 생명을
살리는 근원이기 때문이다

소리들

달빛 그림자를 보았나
고즈넉한 밤
머언 데서 개 짓는 소리

하늘에서 떨어지는 유성을 보았나
칠흑 같은 어두운 밤
목청 터져라
자기 영역 지키는
애달픈 미물들의 울음소리

소슬바람 지나면서
나뭇잎 하나 흔들렸나
가을 익어 밤알 떨어져
깊은 잠 깨우는 소리
소리들의 비명

2

가족의 힘

매화촌 가는 길

여윈 가지마다
뽀송뽀송한 꽃망울
청매 홍매의 너울대는 춤사위가
개울물 소리와 장단 맞춘
십리 섬진강변

나무마다 하얗게
눈 시렵게 느껴오는 청순한 향기
엄동을 참고 건너온 인고의 세월
봄날의 따뜻함을 맞이하는 순백

계곡마다 비탈마다 들길마다
무한정 쌓여 있는 하얀 꽃바다
먼 산의 아지랑이와
어울린 청매 홍매 사이

뿌우연 안개처럼
서로 어깨동무로 입맞춤으로
하늘로 하늘로 닿아있는
섬진강변 십리길

변덕스런 마음

그늘은 우선 시원하다
그러다 이내 서늘해진다
바깥의 따뜻한 햇빛이 그리워
양지로 가 본다

조금 있으면 더움이 온다
햇살이 더욱 따갑게 느껴져
안쪽의 그늘이 새삼 그리워진다

한 곳을 지키기가
정녕 힘든 세월

이곳에 있으면
저곳이 더욱 그리워지는 세상사
변덕스런 사람들의 마음처럼

청송 송소 고택

서늘한 가을밤 맑은 공기로
머언 옛 풍경 그리는 고택
청송산골 심 부잣집에서의 하룻밤
두 손 모으며 명상에 듭니다

조선시대 정승 열셋, 왕비 넷의 자취를 남긴
조선의 유가 선비집
지난 세월 오랜 흔적
아득히 마음 깊이 새겨 오는데

9대 만석꾼 청송 심씨 자리
하늘이 내린 재운과 벼슬
얼마나 감읍했을까
후손이 가져온 도라지차
그 향기 속의 감성으로
한 세상 지킨 덕목을
골수로 느껴 봅니다

밤하늘의 수많은 별들은
이 웅장함과 고고한 기품 지켜 보았으리
후제 먼 세월 지나는 길손들
오늘의 내 심정 같으리

비보

가는 님 별세
연세의료원 장례식장-
어찌된 일이고

어제 골프라운딩 하고
밤을 겨우 넘긴 새벽에
더는 이 세상을 견딜 수 없었다는 전언

태어남의 차례를 모르고
어쩌면
별안간 순서 없이 떠날까
떠나고 난 공허함의 그 자리
아무리 돌아봐도 메아리 지는 슬픔

그 슬픔 되씹어 본들
생각만 다칠 것 같아
숙연한 마음으로
고인을 기리며
옷깃을 여미는 밤

* 가는 님 : 변민섭 친구

바위섬

파란 바다에 숨어 있는
작은 바위섬 하나
종일 밀물 썰물 넘나들며
바위가 검다며
하얀 세척제 잔뜩 부려놓고
종일 깨끗이 헹구느라
분주히 하루해를 보낸다

성가신 파도 자극에
저렇게도 시커멓게 멍들어도
수억 년을 스스로 지켜온 품위
종일 파도가 심술 궂게 흔들어도
갈매기들 벗 삼아
오늘도 그 자리를 지키고 있는
옹골찬 작은 바위섬 하나

봄 나들이

새벽부터 서둘러
나들이 준비하며 나선 길
탁 트인 머언 길 따라
풍경을 달리 하는 계절이
신비롭기만 한 계절

집 떠나 어디든 간다는 것
마음 상쾌하여
하루를 더욱 즐겁게 하는데

도회의 분주한 삶 벗어나
자연과 보내는 시간은
활력소로 되돌아온다

매일 같은 일 반복하며 지난 시간
어디쯤 가고 있는지
나를 잊고 산 세월
참으로 아쉬운 날들

가끔은 일상생활 벗어나
뒤 돌아볼 수 있는 반추의 시간 따라
명상의 길 걷는 하루
새로운 시작의 근원이 되겠네

산 능선

좌우가 분명한 능선
항시 음지와 양지가 깃드는 곳
능선 너머가 언제나 궁금하였다

능선에 오르면 모든 것의
수수께끼가 풀린다

살며 살아가는
힘겨운 인생사에도
능선은 함께 존재하는 것

모두가 출발은 쉬우나
먼 세월 지나
어디 쯤인지
가늠하기 힘들 때
능선을 바라보며
비춰오는 빛으로
희망길 찾게 되는 인생살이

자갈치 어시장

생선의 찌든 비린내와
왁자지껄한 소리들
생선의 울음처럼
호객소리로 난장판이다

세상 사는 모습이 살아 있는 시장
비둘기떼 갈매기들
함께 여유롭게 나는 해변
와글대는 인파 속으로
서로 어깨 부딪쳐도
아슬아슬하게 비켜가며
시장골목 헤집고 다닌다

온몸 하얀 은빛으로 치장한 갈치떼
좌판 위에서 맵시 뽐내며
긴 꼬리 내리고 눈부시도록
시커먼 바다 속을 유영하는
꿈을 꾸는 오후

장어 타는 냄새 코끝을 스치며
지나가는 손목 꽉 잡는 아줌마
최고의 맛 자랑이라고
한번 와 보시라며
엄지손가락 치켜든다

여름 휴가

스트레스는 몽땅 비우고
에너지는 만땅 채우고
나만이 갖는 여유로운 시간

적당한 체온 조절로
시원함 찾아
가벼운 마음으로 보내는 즐거운 시간

지친 심신의
피로를 풀기 위해
아무런 생각 없이 보내는 한가함

늘 부딪치는 일상 벗어나
새로운 환경 속에
신선함을 만끽하는 공간

복잡다단한 일들로부터
해방되어
새로움을 갖게 하는 여유

세상에서 가장 편안한 마음의
자유여
행복의 근원이며
나만의 공간이여

어머니

꿈에도 그리운 고향을
아직도 한결같이
지키고 계신 어머니
졸수의 연세에
힘든 일 궂은 일로
하루를 사시는 어머니

산골생활 힘드시다
도회지로 모시면
하룻밤 넘기시기도 전에
이내 고향 찾는 어머니

새벽부터 호미 들고 채전밭에서
하루해가 저물도록
씨 뿌려 정성 다해 가꾼 푸성귀들
아들 딸 찾아 들면
화안한 웃음으로
무엇부터 꾸려줄까 분주한 어머니

땅은 거짓말하지 않는다며
평생 농촌을 지키시며
인고의 세월로
한 세상을 사시는 어머니
주름진 얼굴에 노을이 붉다

범종소리

숲속 깊은 산중
방금 스쳐간 소나기로
물 흠뻑 머금은 소나무들
더욱 청정한데

작은 더위[小暑] 맞은 여름
더욱 정좌하며
어둠이 몰려오기 전
예불공양 드릴 때
키 작은 가냘픈 스님 온몸 던져
내리치는 범종소리
꽈–아–앙 하고 가슴 때린다

적요한 산사
스님의 곡조 높은 예불소리
메아리로 돌아오는
청정한 울림은
부처님 마음인가
중생들마다 가슴을 여미는
산사의 일주문 앞

뱀

움찔!
순간의 멈춤
서로가 공격자세로 째려보는 순간
스으억 돌틈 사이로 미끄러진다
어느새 새끼 한 마리도 잽싸게 따르는
아찔한 순간

그 자리 잠시 머물지만
눈에 선하여
오금이 저린다

널름거리는 두 혀로
밤 이슥하도록 나를
째려보고 있다

오월의 여왕

새빨간 선혈 두른 울타리
빛깔 고운 무지개처럼
황홀감에 젖어
가슴 두근거리는데

얽히고설킨 핏줄
꽃송이 붉은
그윽한 향기로
매료되지만
마디 마디마다
가시가 있어 차마 범접 못하게

촘촘히 담장에 늘어선 담홍색 장미
희망 가득한 5월에
길손들 걸음 멈추게 하여
가슴 설레게 하네

가족의 힘

언제나 원탁에 모여
마주보는 혈육들과 아내
단란한 밥상머리
서로를 위로하는 말 한 마디에도
천금같은 행복의 근원이 되는 가족들

한 울타리 속에서
늘 함께 만나 인사하며
하루의 평안을 기원하며
이심전심으로 주고받는 눈빛

집안이 즐거우면
하는 일도 즐거워
매듭 없이 풀어나가는 모든 일이
서로의 화목과
굳게 단결한 의지의 결과라
온 정성 기울여 가족 위하고픈 마음

한 아름의 사랑을 베풀며
서로 위로하고 사랑하며 믿음 주는
언제 어디서나
한 곳으로 모여드는 가족의 힘
천금같은 행복의 근원

함께 하는 삶

까치에 쫓기는 까마귀
공중에서 쫓고 쫓으며
치열한 싸움질 한창인데

어느새 모여든 까치 무리들
끈질긴 집중 공격으로
자기 터전 굳건히 지키려 안절부절이다

무리지어 공격하는 까치떼들
한 마리의 까마귀가
혼줄이 나 도망간 뒤
다시 찾아온 하늘의 평화

언제나
함께 힘 모으면
결코 넘보지 못할
스스로 지킬 수 있는 우리의 영역

눈오는 하루

하얀 눈 소복이 쌓인 길
비틀비틀 조심조심
옮기는 발걸음마다
힘겨움 가득하지만
즐거운 동심의 마음이 되는 날

새하얀 얼음 조각의 입자들
자꾸만 쌓이고
길은 이내 빙판 되어
종일 교통체증으로 부산하지만
모두들 밝은 표정 이룬 경쾌한 하루

눈 덮인 하얀 들녘
어수선한 모든 것들이
온 천지가 하얗게 되고 보니

맨 처음의 마음처럼
비워진 가벼운 마음
옮기는 발걸음마다
새록새록 피는 그 옛날의
동심의 마음

3

자연의 순리

시작의 출발

칠흑 같은 어둠 걷히고
동녘으로부터 눈뜨는 여명
하루의 시작으로 오네

눈 부비며 일어나
창밖을 보니
어느덧 오고가는
사람들로 분주한 도심의 거리

아직도 쌀쌀한 아침
하루를 준비하며
무사함을 기도하며
길을 나서네

일찍 일어난 새들도
아침을 이야기하며
제각기 먹이 찾기에 분주한 이 아침
모든 것의 또 다른 시작이요
빛나는 하루를 위한
처음의 길

무지개 폭포

무지갯빛 감도는 깊은 계곡
먼 길 마다 않고 돌아가는 물
수직으로 떨어지는 물줄기
우렁찬 신음으로
온 산울림으로
줄곧 흘러가는 물

작은 여울 모여
시내가 되고 하천 되어
마침내
광활한 바다에서 소멸하는 물
사람은 높은 곳이 좋아
위로 위로만 보고 살지만
언제나 낮은 곳으로만 읍소하며
흘러가는 물

아래로만 보고 가도
넓은 강 이루고
망망대해 만들기도 하는 물
자연의 순리로
오늘도 교훈의 지킴이가 되는 물

겨울 문턱

소슬바람 따라
종일 가을비 내린 후
낙엽은 하나 둘 사라지고
겨울 준비하는 가을 나무들
더욱 부산한데

이내 싸늘함이 뒤따라와
거리는 이미 두툼한
옷들의 치장이 거리를 활보하고
간간이 내리는 햇살에
바람은 점점 옷깃을 여미게 하고

스치는 바람에 묻어온 지난 세월
무심히 흘러가는 시계소리에
마음 흔들리는 갈림길

아직도 가는 길 어디인지 알 순 없지만
찬 서리 모진 비바람에도
쉬임없이 가야할 인생 여정길
오늘도 내일도 쉬엄쉬엄
가야할 나그네길

순백의 낙화

독야청청 청솔 푸른 나무에도
먼 들녘과 마을에도
가로수 펼쳐진 신작로에도
순백이 된 온 누리

흰 꽃으로 소복소복 단장되어
탐스럽게 활짝 핀
순백의 열린 꽃송이 송이들

흰 옷 입은 나무들 무리
어느덧
겨울 준비하느라
하얗게 빈 마음 되어
든든한 엄동을 준비하겠네

모과나무 분재

보기 좋은 모양새로
마구잡이로 칼질한 애잔한 육체
잎 몇 개 거느리고
몸뚱아리만 달랑 서 있네

잘려나간 혈육들
모진 아픔 견디고
끈질긴 생명력으로
나무 끝가지마다 분홍꽃 피워
오늘
우리들의 본보기처럼
보는 이의 사랑과 입담이 되네

환경과 조건을 극복한 불굴의 정신을
우리에게 보여주며
세월의 지킴이가 되는
은은한 가을 향기로 오는 모과향

손자 손녀

귀엽고 재롱스런 피붙이 손자 손녀들
보면 볼수록 참으로 사랑스러워
기쁨이 샘솟듯 늘 흐뭇한 마음

할비 하고 달려오면
한 가슴에 안고 온천지를 돌며
으스러지게 보듬어도
더욱 보고픈 손자 손녀들

눈 초롱초롱 입 쫑긋쫑긋하며
이것저것 물어올 때면
이 할비는 신이 난단다

그러다 헤어질 때면
아쉬움 가득한 마음으로
요놈 조놈 볼에 입 맞추다보면
콧잔등이 시큰해 온다

떠난 자리 텅 비어 허전하지만
같이 보낸 시간들은 즐거움 넘치었고
손자 손녀 생각에 행복이 가득하다

노을 무렵

하루 일 다하고
내일을 기약하며
남은 빛 달에게 넘겨주고
서산을 넘어가다
나뭇가지에 걸려 신음하는구나
하루가 힘들어
가는 길 더욱 고달퍼

가지에 걸렸어도
결코 비명 한번 지르지 못하고
웃음 띤 얼굴로
내일을 기약하는
저 천사 같은 환한 미소

해 지고난 후
못다한 하루 해가 아쉬워
그 빈 자리
쓸쓸한 그늘 보며
더욱 해 그리운 줄 알겠네

노인 부부

보슬비 내리는 날
두 노인이 우산을 받쳐들고
어디론가 가고 있네

우산을 꼭 쥔 영감 팔을
할멈은 어정쩡 쥐고
뒤뚱뒤뚱 빗속을 가고 있네

젊은 날의 사랑도
저리도 아름다웠을까
즐거웠던 날 힘겨웠던 날
다 보내고
이제 황혼의 세월을

받쳐든 우산 아래
둘이 하나가 된듯
따뜻한 숨결이 오고가는데

어디로 가는 것일까
오랜 세월 하나 되어
동행으로 가는 길
더없이 아름다운
보슬비 내리는 날

꽃봉오리

칼바람의 엄동설한을
어디에 숨었다가
봄 느낌 먼저 알고
한꺼번에 나타나는 꽃봉오리들
솟구치는 힘으로 활기차게
온천지를 꽃동산으로 물들이는 날

볼수록 탐스러운
창밖의 꽃망울 망울들
가지마다
앞 다투어 피어나니
오늘도 온 세상 맑음으로 빛나네
멀리 간 희망들의 전언처럼
누리를 밝히는 이른 봄

노스탤지어

언제나 꿈속의 그곳
아련한 아름다운 산하
지천의 두견화 울긋불긋
뒷동산 소쩍새 울음소리

골 깊은 곳마다 붙여진 이름들
산정골 깨밭골 대장골 삼밭골…
계절 따라 변하는 풍광이 아름다운
지금도 눈에 선한
그리운 그곳

오랜 세월 흘렀어도
옛동산은 그대로인데
꿈속에서나마 찾아가는
한결같은 어머니 품안같이 아늑한 곳

하천 풀숲 따라
멱 감으며 가재 잡던 학동시절
오월이면 설익은 밀 서리로
함께 한 동무들이 그리운
사철 낭만이 넘치던 곳
지금도 눈에 선한
함안군 운곡리 그곳

청과시장

물컹 나는 썩은 시체 냄새와
갈기갈기 찢긴 생물들의 신음소리
농사꾼이 정성들여 만든
자연속의 먹거리들
주검이 지천으로 널브러져 있다

눈 휘둥그레지는
형형색색의 진열대
먼 길 달음박질하여 모여든
먹음직스런 과일들
곳곳에 탐스럽게 쌓여 있어

눈길만 스쳐도
손님 끄는 과일가게 주인
이것이 저것인 양
선택이 어려워

눈을 부풀리는 아름다운 무더기들
싱그러움이 무리지어 넘치는 그곳에서
빙그레 웃는
가게 주인의 웃음이 과일을 닮아 있다

폭우

시커먼 구름 한꺼번에 몰려들어
동이 비가 쏟아진다
잠시 머무는 순간
순식간에 쏟아진 물벼락
흘러갈 길 잃어 버려
이내 난장판이 된 거리

비바람 휘몰아친 세찬 빗물에
기우뚱하는 가로수
제자리 버티려고 이 악다물고
바람과 사투하는 모습

요동치는 뇌성벽력과
지축을 울리는 굉음과 함께
빗물 내리퍼붓는 빗줄기에
만신창이가 된 물들의 거리
모두가 혼절한 이 거리

경주 벚꽃

온 누리가 새하얀 빛으로 가득한
천년 도읍지 서라벌

온 세상 환하게 밝혀주는
보문의 벚꽃들이
눈부신 꽃구름으로 몰려와
바람 따라 쏟아지는 꽃보라들
어느덧 청자빛 하늘이
흰 눈으로 가득한데

천년 고찰 불국사
일주문 지나 부처의 나라
청운교 백운교 섬세한 기교와 기품을 지닌
찬란한 불교 문화유산
그 시대 그 사람들 흔적과 자취 없어도
그때의 웅장한 비경이
꽃불로 타는
서라벌의 4월 벚꽃들

자연의 순리

사나운 바람결에
수명 다하지 못하고 떨어진 꽃잎
지난밤 비에 젖어
나무 둥지에 애처롭게 걸려있네

샛바람에 휘날리는 꽃잎들
땅위에 소복소복 쌓이는
정겨운 오솔길

가는 세월 원망하며
하늘하늘 손 흔들며
떨어지는 꽃잎들
여기저기 주검을 눕히네

열매를 얻기 위해
무수히 떨어지는 꽃잎들

버려야 채울 수 있다는
자연의 이치를
꽃을 버린 나무는 이미 알고 있었네

고속도로

시간을 앞질러가는 속도
뒤처질 두려움으로
있는 힘 다 모아
죽기 살기로 질주하는 곳

만 가지의 우리네 삶
앞서기 위한 무수한 경쟁과 노력들
빠른 변화가 시대의 현상인 양

바람소리 가로질러
휭하니 달려가 뒤돌아보면
아예 지나온 자욱 보이지 않고
세월 가는 소리
이미 시간을 앞질러 가는데

지금의 우리네 시대
모든 것이 너무나 빨라
고속도로처럼 어지럽게 질주하다 보면
어느덧 하루해가 저무네

바다안개

중천에 해 뜨면 사라질
무수한 입자들
온 바다를 점령하고
현란한 해돋이를 시샘하네
가까운 경치
먼 풍광도
볼 수 없도록 하는 심술쟁이
그늘진 시야로
넓고 넓은 바다를 점령하며
자기 세상인 듯
오늘도 온갖 몸부림으로
햇볕과 사투를 벌이는 훼방꾼

4

여객선 유람

이사

봄날
여기저기서 이삿짐이 실린다
세월의 나이테처럼
부피 작은 물건부터 큰 짐짝까지
차곡차곡 제자리를 찾는다

새 출발 새 희망으로
가고 오는
한결같은 소망이지만

처음의 원인으로 동지를 튼
수많은 세월 등지고
오늘은 더 큰 바람으로
낯선 곳으로 옮겨지는 잡동사니들

떠난 자리 한결 허전해 보이지만
새로운 터전에서
더욱 행복으로 마무리되라고
기도해 보는 마음
햇볕의 축복처럼
행복 가득한 고운 아침

호박잎

작은 씨앗 하나 무심코
봄에 심었는데
저 먼저 계절을 헤아리고는
이글대는 햇살 받아
어느덧 울타리 건너 무성하게 자라
꽃 지고 열매 매달고
넓적한 잎사귀 사이
큼직한 호박둥이들

여유로움 흠뻑 갖고
넉넉함을 보여주며
밥상에 오른 부드러운 호박잎
까칠한 그 맛 오늘도 식탐이 난다

날이 날마다
고향 맛을 느끼게 하며
밤이슬 맞고난 호박
더욱 탐스럽게 자라
온 밭두렁에 누렁이와
새순으로 가득하다

골굴사 선무도

깊은 산 칠부능선에 자리한 골굴사
숨가쁘게 올라 내려보니
발 아래 즐비한 산들의 능선 첩첩한데

반주에 맞추어 움직이는
선무도의 율동이
속세와 가름하는 동작과 품새 되어
볼수록 심취하여 하나 되는 마음

예쁜 어린 외국 여승려
색다른 춤이 불경소리와 함께 하니
더욱 맑고 향기로워

너무나 아름다운 산경과
율동과 춤사위에
더욱 경쾌해지는 마음

경소리 맞추니 선율도 더욱 고와서
속세의 마음 버리는 이 순간
몸과 마음이 일치되는 이 상쾌함

초승달과 개밥바라기*

해진 후 아직도 높은 하늘
더 넓은 공간에 떠 있는 조각배
반짝이는 개밥바라기가
길을 안내하네

어디를 보아도 걸림 없이
망망 대천을 헤치고
두둥실 떠서 한가로이 가고 있네

저- 먼 곳 희망 품은 또 다른 세상엔
누가 살고 있길래
조각배 띄워
만리창공을 유유히 흘러갈까

한치 앞을 못 보는 인간사
저 여유로움 너무나 부러워라
걸림 없이 갈 수 있는 저곳
정녕 내가 꿈꾸는 유토피아인데

* 개밥바라기 : 초저녁에 뜨는 별.

감나무

주홍빛 가을을
주렁주렁 매달고 있는
감나무 곁으로
까치떼들 몰려와
제멋대로 배를 채우는 시각

풍요로운 결실에도
몸살하는 허전함으로
어느덧 날이 저무는데

푸른 쪽빛 하늘 배경으로
주홍감 익어가는
밭언덕 지키는 감나무들 틈 사이로
날이면 날마다
텃새가 날아들어
남은 연시밥을
떫은 세월처럼 쪼아댄다

그래도 감나무는
풍성한 가을 맞아
찬이슬 머금은 한 세월을
연시밥으로 보시하며
내년의 수확과 결실을 기약하며
마음 달래는 가을 저물녘

손자와 나들이

강변 산책로 나들이가 마냥 즐거워
양팔에 매달린 혈육들 보며
족보가 눈앞에 아른거린다

힘겨움은 아랑곳없이
하고픈 것 졸라 하고는
흐뭇한 표정으로 다가오는
동심의 세계를 보며

뛰노는 모습이 더욱 정겨워
가만히 보고 있노라면
한식경이 후딱 지난다

하얀 나비 사뿐사뿐
물고기 떼지어 오르는 강변의 봄
모두가 신기로움에
나비 잡을듯 고기떼 따르며
까르르 웃음짓는 손자들과
함께 어울려 종일 웃음꽃을 피우는
강변 산책로의 한나절

보름달

손 내밀면 닿을 듯한 밤하늘에
둥근달 외롭게
빙그레 웃음 머금고
저 홀로 가는데

밝은 해 닮으려고
얼굴 더욱 넓게 펴서
환한 모습으로
어둠을 지키는 달

중천에 두둥실 떠서
넓은 하늘 길 밝히며
구름이 가는지 달이 가는지
앞서거니 뒤서거니 가고 있네

가다가 한 떼의 구름 먼저 보내고
저 홀로
고즈넉한 밤을 지키고 있는
만월의 밤

열차

번잡한 도심 벗어나
올망졸망한 농가 지나고
산경도 보며 지평선도 지나고
지형지물로 지난 산굽이 돌아가면
우리 살아온 촌각의 세월도
이와 같으리

하늘 아래
촘촘히 박혀 있는 주택들
높이를 가늠할 수 없는 아파트 군들
새로이 단장되는 이웃 풍경들

우리 사는 세상
하루가 다르게 변모하며
측정할 수 없는 세월이 만든
문명인 것을

이 하루
어디서 또 무엇이
익숙한 하루로
거룩하게 태어나고 있을까.

연꽃

부처님 오신 날 곳곳의 연등
자애로움 가득한
신비로 피어나
중생들 맞으며
극락세계로 왕생하네

이 시각 모두들
연꽃 타고 부처님을 뵙는데
삼국시대 반가사유상 연꽃 위의 왼발
손가락 볼에 살짝 깊은 생각 빠진 듯
깨달음 쉽사리 드러내지 않으니
더욱 신비로운 경이랍니다

진흙탕 속에서도 꽃 피우며
더러움 물들지 않는 군자의 자세로
멀수록 은은한 향기로
깨달음의 세계로 보시하는 꽃

어느덧 사랑과 그리움 담은 연꽃 지고
자자손손 평안을 기원하며
자손 번창하기 위한 마음으로
옷과 방석을 만드는 연밥
이 계절에도 연당지에 가득한
부처님의 자비로운 웃음소리

친구 사이

자꾸만 불러도 그리운 그 이름
서로 보살피며 허물 씻어주며
더욱 믿음 가지는 그런 사이

만나면 반갑고
헤어지면 그리워지는
서로 의지하며
부족함을 채워주는 그런 사이

어려울 때 먼저 찾고
부르면 언제든 달려갈 수 있는
신뢰로 이룩한 그런 사이

낙엽 지면 먼저 생각나고
하는 일 힘들 때면
손꼽아 기다려지는 그런 사이

함께 있으면 힘이 되고
서로가 가는 길 이끌어주며
눈길 한번 마음 한번
부딪히지 않는 그런 사이

함께 있으면 더욱 든든하고
믿음 주는
언제나 한 아름의 크기로
서로 사랑하는 그런 사이

가을 등산

외로움과 고독을 흠뻑 머금은
가을 나무들
뻘겋게 취하고 노랗게 질린
단풍 사이로
힘겹게, 힘겹게 비탈길 오르면

길섶에 애잔히 피어있는
이름 모를 들꽃 무리
이슬 머금고 함초롬히 고개 숙여
더욱 수줍은데

노랗게 물든 가을 나무들 보며
지난 세월 돌이켜보면
헛됨이 많은 한 시절들 생각나네

모두를 좀더 사랑했으면
허허로운 세월이 없었을 것을
단풍들 가을로 가는 산마루를 보며
깊은 명상에 드는 하루

절영 해랑海浪길

그림자도 자취 없는
바다 물결 따라
파도소리 철썩이는 해변산책로
아름다운 갈맷길

자맥질하는 해녀의 휘파람 소리
휘어지는 낚싯대가 건져 올린
펄떡이는 이면수*

망망대해의
끝없는 물사위들

꽃향기 그윽한 숲속을 지나
낭떠러지 아래 출렁이는 파도 사이로
혼을 빼앗긴 낚시꾼들
세월을 낚을까
마음을 낚고 있을까
노을 붉은 하루가 바다에 잠겨 있는
절영 해랑길

*이면수 : '임연수어' 로 쥐노래밋과의 바다물고기.

눈이 내리네

하얀 솜털같이 계속 내리는 눈
주섬주섬 엮어서
솜이불 만들면
엄동설한 따뜻하게 나겠네

강아지 좋아하는
함박눈 하염없이 내리는데
깡총깡총 뛰어서
종일 눈밭을 뒹굴며
심술쟁이 눈사람 하나 만들었네

목화 같은 눈송이 송이
온갖 세상의 더러움 모두 덮어서
하얀 세상 만들면
어디서나 짜릿한 순결한 맑음

티없이 뽀얀 솜뭉치 계속 내리는데
어느덧 마음은 동심 되어
솜밭을 휘저으면
소싯적 눈싸움의 술래가 된 내가
저만치서 손짓하네

어버이날

어버이날 맞아
한 송이 카네이션으로
어디 평생의 부모님
은혜에 비견하랴

부모 되기 전
짐작도 못했던 어버이 마음
손발 다 닳도록 인고의 세월을
정성과 기도로 길러온 자식들 사랑

내가 부모 되어
자식 키운 사랑
이제사
그때의 부모님 마음 알 것만 같아

투박한 손발과
주름지고 흰 머리의
세월 깊은 흔적
한 아름의 크나큰 부모 사랑을
어찌 카네이션 한 송이로
보답하랴

깅기아나의 작은 꽃

그 모습 너무 볼품없어
언제나 푸대접을 받더니만
어느새 꽃대 올라
스스로를 장식한 화사한 꽃

이제야 제자리 찾아
의젓하게 제 모양 자랑하며
그래도 좀더 나은 곳이 어딜까
이곳저곳 옮겨 다니다가
어느 순간 인연처럼
내 옆에 와 있네

봉오리 작은 꽃에서 풍기는
짙은 향기에 취해
이제야 속마음 알 것만 같아
일찍 속내 드러내었으면
푸대접은 받지 않았으리

내 모습 너와 같아
한 마음 한 생각으로
스스로를 다스려 보는 날

여객선 유람

아스라한 육지를 뒤로 하고
넘실대는 파도를 가르며
힘찬 물보라로
수평선을 향해 나아가네

뱃전에 부딪히며
아우성으로 오는 물결소리
거센 풍랑 사이로
거대한 바다와 힘겨루기 하며
하얀 피 쏟아내는 저 위용

머언 수평선너머 목적지 향해
망망대해에 외로이 떠있는
한 잎 낙엽같은 배 하나
우람한 뱃고동소리로
바다의 주인처럼
미지의 세계를 향해
오늘도 힘차게 힘차게
바다를 헤엄쳐가네

5

서로의 한 평생

낙동강 하구

어젯밤 내내 가을비 내리더니
어느덧
더없이 맑고 푸른 하늘 아래
하현달 멀리 두고
해는 강 위를 조심스럽게 헤엄치네

호수같은 강물은
잔잔한 은비늘 띄우고
소슬바람 따라 흘러 흘러
망망대해로 저어 가는데

강변의 하얀 갈대들
일제히 기립한 채
강물에 투영되는 제 얼굴 보며
하늘하늘 손 흔들고 있는 강변

철새떼 무료히 노니는
한가한 가을의 하구언엔
돛배 하나
긴 꼬리를 물고
먼 수평선 너머로 멀어지는 하오

노약자 좌석

도시의 지하철도
안내방송이 나오자
스르르 문이 열린다
잽싸게 열차에 올라
인간의 본능을 의식하면서
노약자 좌석에
슬그머니 눈치보며 앉았다

건너편 일반석에서
니가 무슨 노약자냐며
째려보는 듯한
맞은편에 앉은 늙은이들의
눈과 마음들이 신경쓰여
앉은 자리가 영 불편하여
엉거주춤하고 있는 사이
그래도 열차는 굉음을 내며 달린다

탑승 시 사용하는 어르신 교통카드
입구에서는 '감사합니다' 가
왜 그리도 똑똑한 답례를 주는지
고마움과 미안스런 갈등 속에
내 모습 비춰보며
노인 대열에
차츰 합류하는 주책이 안쓰럽다

개나리

언제 피었을까
담장과 울타리가
한꺼번에 물들었네
하도 고와 살짝 꽃잎 만져보니

따뜻한 햇살 받은 꽃잎들
제 멋을 한껏 뽐내는데
가만히 보고 있노라면
나도 모르게
노랗게 물든 내 마음

그 자태 너무 좋아
뒤돌아보면
빨리 가라 손짓하는
화사한 웃음
바람결에 간지럼 태우며
온 누리가 노랗게 변하여
깔깔대며 전송하는
삼월 초입

금샘

– 금정산

부산은 축복 받은 도시다
산, 바다, 강, 온천을 두루 품고
신화적 탯줄인 금샘을 비경으로
하늘 우물엔 금빛 물고기가 노닐고

금정산 고당봉은
산마루 암석 사이에 우뚝 솟아
하늘에서 찧는 돌확 같기도 하고
어쩌면 촛대 같기도 하다

시린 물 넘쳐 계곡을 이루고
강을 만들어 도시를 관통하며
바다가 되는 금샘은
아름다움의 극치이다

그윽하게 산경을 바라보노라면
더욱 웅비하는 희망 하나와
신비를 두루 갖춘 금정산은
믿음의 화석
염원의 기도처인 명산이다

도토리 캠핑

머언 길 떠나 가슴 설레이는 야영날
밤하늘 총총히 빛나는 별빛 아래
마음 한껏 부푼 캠핑장

숲속의 새들은 새 손님 맞은 듯
높은 하모니로 지저귀는데
벌써 솔숲 푸른 풍광에
마음을 빼앗기는 요요한 밤

소리 없이 밤이슬 내내 쌓이고
정겨움 넘치는 살아온 정담으로
밤은 깊어만 가는데

어느덧
저리도 청정한 달빛무리
이미 새벽으로 건너는
물안개 자욱한 아침의 산기슭
밝아오는 햇살 아래
맑은 공기 흠뻑 들이키며
그리움 뒤로 하는 야영장
아쉬움만 가득한 도토리 캠핑장

보고 싶은 님

감미로운 꽃바람
온 누리에 가득한 날
이리도 그리움은
밀물져 오는데
작은 바람 소리에도
귀 기울이면

차례로 지나는
발걸음 소리들
어느덧 서산에
저문 해 보며
님 생각에 가슴
아릿한 봄 봄

서로의 한 평생

아무런 분별도 없었을 나이
우린 깊은 생각할 겨를 없이
이런 만남도 인연이려니 하고
서로 마음을 열었지 않소

그렇게도 까마귀 울어대는 새아침
삶의 질곡이 있을 때면
잊혀지지 않는 그 울음소리
아직도 내 귓전을 맴도는데

시련과 고통의 애옥살이
무던히도 잘 참고 인내한 당신
언제나 한결같이
나의 그림자가 되어준 당신
그 많은 혈육들 인생길 터주며
애지중지 길러온 우리 삼남매
제자리 찾아 다 보냈으니
당신의 힘겨운 삶 어찌 잊겠소

지나온 허물들은 되새김질 마오
우리 가는 길 아직도 어디인지 몰라도
언제나 하나가 되어
후회 없는 남은 여정 기리며
은혜로운 날들 기도하며 살아요

아침해

세상 살피려고
밤 지나기 무섭게
동그랗게 뜨는 해
공연히 죄 지은 게 없는 데도
바로 보기 힘드네

하루 종일 세상을 살피면서
무엇을 찾고 있을까
아마도 혼탁한 일들 많아
밝음으로
온 세상 두루두루 광명을 주고

부족함이 없는지
여기저기 찾아 헤매며
인정 다독이며
오늘 할 일 다한 듯이
미련 없이 서산으로 지며
내일을 기약하는
우리들의 더할 수 없는 존귀함이여

해운대

부산의 아이콘 해운대는
인구를 블랙홀처럼 흡수할 기세다

즐비한 고층건물들
밀집된 문화시설
잘 정돈되고 유익한 편의시설들
거긴 휴가가 있고, 문화가 있고
공간과 바다가 함께 숨쉰다

세계적 관광지가 된 명성과
넘실대는 파도의 포말들
가슴이 탁 트인 아찔함으로
종일 그네를 타는 수평선

수많은 연인들이
해변가에 사랑의 흔적을 남겨놓지만
파도는 몰려와서
지워버리고 간다
다음 연인을 위하여…

세월

제비가 허공을 가르며
강남으로 가듯
고속도로를 질주하는 차들처럼
순식간에 가는 세월
시간도 멈추게 할 수 없는 것

서로 원근을 부딪치며
사라지는 사물들
머언 산이 선뜻선뜻 다가와서
금세 뒤로 하고
새로이 마주치는 풍경들처럼

출발점을 시작으로 달려온 한 세상
어느덧
희끗희끗한 흰 머리카락들
거울 속에서 서로를
나 아닌 나처럼
들여다보고 있는 지금

가을 보내며

온 산이 불타듯 신음하다
먼 능선을 빗질하는 소슬바람에
하나 둘 낙엽 떨어지고
지나온 세월 되새김질하며
마디마다 문양 고운
나이테 하나 더 만들고

동구밖 마을에는
주홍감이 익어 홍시 되고
달랑 매단 까치밥 하나
더욱 을씨년스러운데

섬돌 위 귀뚜라미 울어대는
지나간 날들의
먼 기억들 유추하며
우수수 하염없이 떨어져 가는
가을은, 가을은 그렇게 보내는 거다

틈 사이 민들레

주변을 아무리 살펴보아도
손 뻗어 구원 받을 곳 없는
삭막한 시멘트 보도 틈서리
허허로이 홀로 살아온 생애

지나가는 거센 바람에도
비온 뒤 흘러가는 물살에도
길손의 발길 깊은 생채기에도
이 악다물고 지켜온 자리

어느덧 노오란 꽃 피워
보란듯 버젓이
생글생글 웃고 있네

척박한 땅에서도
화사한 웃음 띄우는
거룩한 한 송이의 꽃
외롭고 힘든 모진 삶
오늘 하늘을 우러르다

박

수줍은 새색시마냥
아침이슬 잔뜩 머금고
뽀얗게 꽃대궁 내밀고
한나절을 고개 숙여
땡볕을 피하다
살포시 고개 드는 박 씨네랍니다

하얀 둥근 박
주렁주렁 뒹구는 초가지붕
가을 햇볕 소슬바람에
어느덧 둥근 박을 등에 업고
종일 덩실덩실 박춤을 춥니다

하얀 속살은 나물 해먹고
한여름 뙤약볕에
단단해진 거죽은
요긴한 바가지로
다시 태어나는 박 씨랍니다

새벽을 여는 닭

어둠을 야금야금 먹어온 닭
밤새도록 울음보를 채우고는
배 터져라 울어대는
새벽잠 깨우는 자명종 소리

목청 높이 노래 불러
온 마을 다 깨워놓고
모른 척
부산한 하루를 시작하는 닭

그 옛날 농촌 벽지에는
닭 울음소리에 부스스 일어나
피로한 잠을 멀리 떨쳐 버리고
새벽이슬 맞으며
하루 일과 시작했네

지금은 그 소리 귓전을 맴돌 뿐
깊은 잠에 빠진 밤중 되어
맞춰진 알람소리만
기다리는 신문명시대라네

고추잠자리

예고 없이 먹구름 몰려와
폭우를 내리꽂는 하오

순간의 시간 지나자
언제 그랬냐는 듯
해는 구름 사이로 얼굴을 내민다

후덥지근한 불쾌지수에
온몸 흠뻑 젖어오는데
순식간에
날아든 고추잠자리떼
무리지어 하늘하늘
숲속을 헤집는데

머언 하늘의 흰 구름떼
무한창공을 유유히 저어가는
범어사의 오후

통영 장사도 가는 길

바다 위 가로지르는 대교 건너
푸르른 바다를 옆으로 하고
길섶의 개나리 진달래 절정인 봄

저 멀리 수면에 떠있는
올망졸망한 섬 바라보며
더욱 가까워지는 장사도

물결 위에 뽀얀 물거품 띄워 놓고
갈매기떼 함께 어울린
잔잔한 해면 위 눈부신 반짝임

재스민 향기 더욱 그윽한
폐교된 죽도 국민학교 장사도 분교
세월의 무상함을 보며
동백꽃 터널을 지나면서
청량한 공기 한 아름 마시네

전망대서 바라보는 호수같은 고요함
짙푸른 잔잔한 바다 위
유유히 떠있는 조각배들
풍경으로 오는 봄

| 작품 해설 |

상징성의 의미적 요소를 가미한 서정시편

시인 최 창 도

상징성의 의미적 요소를 가미한 서정시편

– 조용범 시인의 시세계를 조명하며

시인 최 창 도

조용범 시인의 시집 『길을 떠나는 명상』은 인간의 태생적 한계와 대자연과 더불어 공존하며 삶을 극복하는 보다 맑고 유려한 인생을 사는 지혜를 서정성 깊은 시어로 회자하고 있다. 아포리즘의 시세계를 추구하며 어쩌면 인생이 가지는 정서적인 면모와 생활과 환경, 그리고 자연을 매개체로 한 상관관계를 접목시키는 소박한 시들을 다양한 면모로 선보이고 있다.

멍하니 졸고 있거나
눈 감은 얼굴
촛점 없이 바라보는 표정이나
휴대폰만을 열심히 다루는 얼굴들

저만치서 힐끔 쳐다보는
알 것같은 얼굴
어디서 보았을까
궁금함에 신경이 쓰여

잠시 혼돈에 빠진다

하고 있는 모습들 다르지만
생각하고 산다는 것
우리 모두가 함께 간다는 것은

모두가 다른 얼굴만큼이나
행복했으면 좋으련만
굉음의 우람한 소리들 안으로
서로 침묵하며
빛으로 굴절되는 지하철 안의 승객들

———「지하철 안의 얼굴들」 전문

사실 지하철 안의 면모는 다양하다. 서로 다른 얼굴이나 표정부터 나름대로 각양각색으로 가꾸고 치장한 모습들과 각기 다른 의미를 가진 시선들은 사실 볼거리가 되기도 하지만, 때로는 눈을 어디에 둘지 몰라 황당해 하기도 하는 것이 현실이다.

아무 말없이 목적지까지 가는 동안 어쩔 수 없이 서로 보아야만 하는 진면목들이 다양한 모습들로 표출되어 시의 감각을 일깨우고 있다.

직유시가 가지는 이 시의 의미는 시인과 함께 자리한 다른 사람들과의 노출되지 않는 마음을 대비시킨 현재와 나름대로 시각적으로 변화하는 모습과 순간을 명징 지으며, 종국에는 더불어 함께 하는 인생, 즉, 한 시대를 살아가는 모두의 행복을 소원하는 결구로 매듭짓고 있다.

어떤 공시적公示的 여유로 바라본 느낌feeling을 풍자satire한 시로, 맨끝연 〈빛으로 굴절되는 지하철 안의 승객들〉의 표현미는 이 시의 모티브motive가 되고 있는 시행으로 현장 감각을 더욱 살린 감각적인 시행으로 보여진다.

열 두 장의 달력을
하나 둘 헤아려 보면
너무나 긴 시간, 긴 세월 같아
온갖 계획들을 세워 보지만
한 장 넘기고
또 한 장 열람하다 보면
어느덧 절반이 훌쩍 넘어
온갖 희망들, 설계들 어디쯤 왔을까

하나하나 점검하다 되돌아보면
또 한 장이 훌쩍 비워지고
마무리짓지 못한 목표들 경황이 없어
후회하다 보면
마지막 남은 달력 한 장이
빠안히 나를 내려다보고 있다

달랑 마지막 남은 달력
한 장을 넘길 때면
한 해의 마무리보다
후회로 오는 자존심-

큰 계획보다 작은 실천이
더욱 큰 성공의 지름길임을

이제야 알겠네

———「길을 나서는 명상」 전문

우리 모두가 경험하는 한 해의 시작과 과정, 그리고 마무리의 순간을 눈에 보듯 선연한 시어들로 표징하고 있는 시로 회화적 요소와 의미적 요소가 잘 숙성 발효된, 4연 모두가 제각기 변화variation를 가지는 시로 마치 스케치하듯 각운들을 별리로 살린 점을 높이 사고 싶다.

시의 난해성을 극복한 이 시는 차분한 시어들을 배려하여 한 해를 되새기며 후일을 기약하는 주지적 교훈시로 평가할 만하다. 특히 3연 〈달랑 마지막 남은 달력/ 한 장을 넘길 때면 / 한 해의 마무리보다/ 후회로 오는 자존심-〉은 어떤 목적과 계획을 실현시키지 못한 후회와 아쉬움이 자존심으로 결부되어 자기를 되돌아보는 기회를 이미지image화 하고 있다.

그리고 4연의 〈큰 계획보다 작은 실천이/ 더욱 큰 성공의 지름길임을/ 이제야 알겠네〉 주지적 내용을 교훈적으로 회자한 마무리는 일품이다. 그리고 순차적으로 절정을 이끄는 각 연들이 시너지synergy 효과를 가진 점층법 형식으로 유화되고 있어 더욱 돋보이는 시로 재생되고 있다.

좌우가 분명한 능선
항시 음지와 양지가 깃드는 곳
능선 너머가 언제나 궁금하였다

능선에 오르면 모든 것의
수수께끼가 풀린다

살며 살아가는
힘겨운 인생사에도
능선은 함께 존재하는 것

모두가 출발은 쉬우나
먼 세월지나
어디 쯤인지
가늠하기 힘들 때
능선을 바라보며
비춰오는 빛으로
희망길 찾게 되는 인생살이

———「산 능선」 전문

어쩌면 논리적 비약으로 이끈 이 시는 낭만적인 배경이 전연을 뒷받침하고 있다. 칼붓세의 시에서처럼 누군가 행복이 있다고 말하는 산너머 너머를 연상케 하는 이 시는, '능선' 이란 곧 현대를 살아가는 우리들의 시련과 고통을 매개체로 힘겨운 인생이 결코 넘어야할 커다란 고난의 연속을 함축한 것으로, 감각적인 이미지가 관념적이고도 개념적인 정서sentiment로 잘 순화되고 있다.

우리 인생은 한 순간의 고통을 넘어야 또다른 고통을 극복할 수 있는 여유와 용기를 가질 수 있듯이, 힘든 시절의 순간을 능선으로 대별시키고 있는 이 시는, 결코 고통이나 시련을 겁내거나 피하지 말고 스스로 극복하는 지혜를 가짐으로써 자신감과 함께 더욱 숙성된 성취감을 가질 수 있다고 단언하고 있다. 2연 〈능선에 오르면 모든 것의/ 수수께끼가 풀린다〉로 회자하고 있는 것이 바로 그것이다.

그렇다. 고통은 피하거나 외면한다고 해결되는 것이 아니다. 어떤 현안을 극복함으로써 자긍심이 생기고 또다른 이상과 세계를 볼 수 있다는 유토피아utopia적인 잠언적 사실을 확연하게 하는 시로, 한 단어로 두가지 뜻을 나타내는 중의법이 여기서 설득력을 얻고 있는 시로 평가할 만하다.

까치에 쫓기는 까마귀
공중에서 쫓고 쫓으며
치열한 싸움질 한창인데

어느새 모여든 까치 무리들
끈질긴 집중 공격으로
자기 터전 굳건히 지키려 안절부절이다

무리지어 공격하는 까치떼들
한 마리의 까마귀가
혼줄이 나 도망간 뒤
다시 찾아온 하늘의 평화

언제나
함께 힘 모으면
결코 넘보지 못할
스스로 지킬 수 있는 우리의 영역

———「함께 하는 삶」 전문

우리의 동화나 우화에서 자주 언급되는 까치와 까마귀를 대비시키며 유화한 시로, 의미적 요소가 가장 선명한 의미로 승화된 이 시의 요체는 즉, '단결' 이다. 세상에 움직이는 모든 생물들은 개체 이전에 거의 모듬살이를 한다. 그 모듬살이로 자기를 지키는 역할과 종족을 보존한다는 가치관을 더욱 굳건히 하고 있는 것이다. '까치는 우리나라의 국조로 신성시되는 새로 길조로 받아들여진다.

은연중 우리 백의민족의 자긍심과 단결심을 간접 은유하고 있는 시로 까치떼가 공격하여 물리치는 까마귀를 하나의 동질성을 가지는 새이면서도 정의와 불의로 명징짓는 이분법으로 이끈 이 시는, 동요적인 이미지에다 회화적 요소가 시너지synergy 효과를 더한 시로 맨끝연 〈언제나/ 함께 힘 모으면/ 결코 넘보지 못할/ 스스로 지킬 수 있는 우리의 영역〉은 우리가 살아가는 동안 늘 마음 안에 간직해야 할 교훈적인 시어로, 우리 조국의 영토적인 지킴이의 확고한 신념과 의지도 내포하고 있는 주지적 개념으로 우리들의 경각심을 더욱 일깨우고 있다.

사나운 바람결에
수명 다하지 못하고 떨어진 꽃잎
지난밤 비에 젖어
나무 둥지에 애처롭게 걸려있네

샛바람에 휘날리는 꽃잎들
땅위에 소복소복 쌓이는
정겨운 오솔길

가는 세월 원망하며
하늘하늘 손 흔들며
떨어지는 꽃잎들
여기저기 주검을 눕히네

열매를 얻기 위해
무수히 떨어지는 꽃잎들

버려야 채울 수 있다는
자연의 이치를
꽃을 버린 나무는 이미 알고 있었네

———「자연의 순리」 전문

표제어 그대로 자연의 이치와 순리를 언급하고 있는 이 시는 언뜻 보면 여느 시와 같은 보편적인 서정시로 보이나, 첫연과 3연, 그리고 마지막 연의 각운을 동질성으로 이끈 점과, 외형률을 살리려한 점을 주목하고 싶다.

즉, 외적이든 내적이든 하나의 목숨을 가진 모든 것이 주검으로서 다시 오는 윤회론에 근거하고 있는 것이 바로 그것이다.

즉, 생生을 다한 모든 삶의 주체는 자기분신을 남기게 마련인데, 이 분신들은 이미 한개의 개체가 주검으로서 또다른 탄생의 의미를 알고 있었다는 영원 불변의 존재론을 암시성으로 시의 효율성을 높이고 있는 것이다.

존재론적인 의미에 주안점을 둔 시로 상징적인 표현미가 자못 돋보이는 시로, 평범한 주제를 상상력imagination으로 북돋우고 있는 시어들이 발군이다.

그리고 삶과 주검에 대한 개연성을 암시성으로 의미를 부여한 점이 돋보인다. 그리고 맨끝연의 〈버려야 채울 수 있다는/ 자연의 이치를/ 꽃을 버린 나무는 이미 알고 있었네〉는 종교적 의미를 더한 결구로 더욱 선연한 느낌으로 오는 참신성이 돋보이는 시의 적절한 표현이라 생각된다.

봄날
여기저기서 이삿짐이 실린다
세월의 나이테처럼
부피 작은 물건부터 큰 짐짝까지
차곡차곡 제자리를 찾는다

새 출발 새 희망으로
가고 오는
한결같은 소망이지만

처음의 원인으로 동지를 튼
수많은 세월 등지고
오늘은 더 큰 바람으로
낯선 곳으로 옮겨지는 잡동사니들

떠난 자리 한결 허전해 보이지만
새로운 터전에서
더욱 행복으로 마무리되라고
기도해 보는 마음
햇볕의 축복처럼
행복 가득한 고운 아침

———「이사」 전문

섬세한 수사나 묘사 혹은 기교가 없어도 얼마든지 좋은 시가 될 수 있다는 한 유형을 보여주는 시로, 우선 시어들이 군더기가 없이 맑고 단아하다.

우리의 글은 뜻글이 아니고 소리글이기 때문에 자유시에 있어서는 어떠한 시들이라도 목적한 바를 효율적으로 유효하게 직시할 수 있는 언어들이 가능하다는 점이다. 더구나 주제나 소재도 얼마든지 목적한 발상들을 시의적절하게 접목 운용할 수 있는 것이다.

이사철인 봄날 이사하는 순서와 새로운 둥지에 대한 희망적인 견해, 그리고 과정이나 미래에 대한 한껏 부푼 소망들을 적나라하게 의미화하고 있는 시이다.

쉬운 시어들을 사용하면서 눈에 보듯 선연한 이미지를 주는 것은 우리 모두가 공감하는 주제로 안정미를 추구한 데 있다고 보아진다.

기교를 배제한 이시가 성공할 수 있다는 것은 난해한 시어나 모호성을 배제한 소박체의 시로 생활을 중심한 모티브motive가 우선 실제 우리들 주변의 삶과 동질성을 지니는 데 있다고 하겠다.

번잡한 도심 벗어나
올망졸망한 농가 지나고
산경도 보며 지평선도 지나고
지형지물로 지난 산굽이 돌아가면
우리 살아온 촌각의 세월도
이와 같으리

하늘 아래
촘촘히 박혀 있는 주택들
높이를 가늠할 수 없는 아파트 군들
새로이 단장되는 이웃 풍경들

우리 사는 세상
하루가 다르게 변모하며

측정할 수 없는 세월이 만든
문명인 것을

이 하루
어디서 또 무엇이
익숙한 하루로
거룩하게 태어나고 있을까.

———「열차」 전문

사실 열차를 타고 가다보면 모든 것이 신기하고 새롭고 즐거운 마음을 가지게 된다. 그리고 새로운 소망과 비약을 꿈꾸기도 하며, 각기 다른 지방과의 문물을 비교하며 자신의 새로운 발전적 의미를 새롭게 진전시키는 계기가 되기도 한다. 지난날과 현재의 나를 돌아보며 미래를 예견하는 삼위일체의 발상과 전개는 참으로 눈부시다.

열차를 타고가며 우리의 인생을 비교하며 세월 따라 변화하는 풍경과 앞서가는 여러 문화와 문명을 과장법hyperbole 없이 여과 순화한 이 시는 간결한 문체로 현재진행형으로 압축한 전연체가 서경적인 면모로 빛나고 있다.

그것은 각연마다 '다'로 끝나지 않은 결구가 열차의 가는 방향과 일치하는 어떤 상관관계를 명시함으로써 일정한 리듬을 가미하고 있기 때문이다. 4연은 단연 압권이다. 〈이 하루/ 어디서 또 무엇이/ 익숙한 하루로/ 거룩하게 태어나고 있을까.〉는 시간마다 순차적으로 변화하는 이 세상의 모습들을 시의적절하게 묘사한 탁월한 시어로서 존재감을 드러내고 있기 때문이다. 특히 〈익숙한 하루로/ 거룩하게 태어나고 있을까.〉는 참으로 절귀이다.

언제 피었을까
담장과 울타리가
한꺼번에 물들었네
하도 고와 살짝 꽃잎 만져보니

따뜻한 햇살 받은 꽃잎들
제 멋을 한껏 뽐내는데
가만히 보고 있노라면
나도 모르게
노랗게 물든 내 마음

그 자태 너무 좋아
뒤돌아보면
빨리 가라 손짓하는
화사한 웃음
바람결에 간지럼 태우며
온 누리가 노랗게 변하여
깔깔대며 전송하는
삼월 초입

———「개나리」 전문

동요적 수사가 가미된 이 시는 우선 탄력적 의미의 신선미가 전연을 압도하고 있다. 더불어 선명한 영상미까지 갖춘 시로, 겨울 지나고 가장 일찍 개화하는 한국적인 정서가 물씬한 '개나리'를 도입함으로써 우선 정감을 북돋우며 우리의 마음을 동화시키는 데 성공하고 있는 것이다.

각 연을 움직이는 영탄적인 기법이 돋보이며, 맑고 발랄한 기교는 세련미까지 갖추고 있어 더욱 이 시를 빛나게 하고 있다.

음악적인 시어들이 곳곳에서 상징적인 의미로 재생되는 밝고 맑은 이미지를 가지는 시로 회화적 요소에다 내재율까지 가지는 동화적인 면모의 시이다.

제비가 허공을 가르며
강남으로 가듯
고속도로를 질주하는 차들처럼
순식간에 가는 세월
시간도 멈추게 할 수 없는 것

서로 원근을 부딪치며
사라지는 사물들
머언 산이 선뜻선뜻 다가와서
금세 뒤로 하고
새로이 마주치는 풍경들처럼

출발점을 시작으로 달려온 한 세상
어느덧
희끗희끗한 흰 머리카락들
거울 속에서 서로를
나 아닌 나처럼
들여다보고 있는 지금

———「세월」 전문

표제어에서 보듯 누구나 겪는 세월과 한 세상을 유화한 시로 자칫 감상주의에 젖을 이 시를 시간과 생물, 그리고 여러 지형지물을 도입하여 공감각적synesthetic인 시로 승화시키고 있다. 한 세상을 극복하는 한 삶의 지혜와 순간을 들여다보며 현재의 자기를 명시적으로 거론하고 있는 이 시는, 각연들이 각기 다른 의미를 갖게 하면서도 종국에는 하나의 일체로 가는 대단원을 갖고 있는 것이 특징성을 가진다. 의미적 요소가 빛나는 이 시는 맨끝연의 3행, 즉, 〈거울 속에서 서로를/ 나 아닌 나처럼/ 들여다보고 있는 지금〉이 매우 심플simple하면서도 감동적이다.

어떠한 시련이나 고난도 극복하며 삶의 앞만 바라보고 의지를 불태우며 살아온 한 인생을, 초로의 나이를 형상화시키며 현존의 주체인 자기를 거울 안으로 마주보는 형상으로 대비시킨 점은 가히 탁월한 심미안이 시인에게 있음을 보여주는 시로 평가할 만하다.

이상에서 보듯 조용범 시인은 주지적 개념을 가진 시들을 현재와 대자연과 생활을 접목시키는 서정시로 승화시키고 있다.

그의 시는 회화적인 요소와 의미적 요소를 가미한 감각적이고도 탄력적 의미의 친서민적인 순수한 서정시들이 주류를 이루고 있으며, 보다 넓은 상징적인 면모를 가지는 시들이 이를 뒷받침하고 있다고 보여진다.

시적인 영역의 꾸준한 노력과 발전적 의미의 자기 수련으로 더욱 큰 시인으로 우뚝 설 것임은 분명해 보인다.

조용범 시집

길을 나서는 명상

인쇄일 | 2013년 12월 6일
발행일 | 2013년 12월 16일
지은이 | 조용범
펴낸이 | 최장락
펴낸곳 | 도서출판 두손컴
주 소 | 부산광역시 부산진구 부전로 35. 301호(부전동, 삼성빌딩)
전화 : (051)805-8002 팩스 : (051)805-8045
이메일 : doosoncomm@daum.net
출판등록 제329-1997-13호

값 10,000원

ISBN 978-89-97083-81-7 03810

「이 도서의 국립중앙도서관 출판시도서목록(CIP)은 서지정보유통지원시스템 홈페이지(http://seoji.nl.go.kr)와 국가자료공동목록시스템(http://www.nl.go.kr/kolisnet)에서 이용하실 수 있습니다.(CIP제어번호: CIP2013027470)」